LA REVOLUCIÓN AMERICANA
THE AMERICAN REVOLUTION

Lorijo Metz

Adapted by Nathalie Beullens-Maoui

Traducción al español: Christina Green

PowerKiDS press

New York

Dedicated to Roger Peck, who boldly goes where no historian has gone before!

Published in 2014 by The Rosen Publishing Group, Inc.
29 East 21st Street, New York, NY 10010

First Edition

Editor: Amelie von Zumbusch
Book Design: Colleen Bialecki
Photo Research: Katie Stryker

Traducción al español: Christina Green

Photo Credits: Cover Superstock/Getty Images; pp. 5, 9, 11, 12 DEA Picture Library/De Agostini/Getty Images; p. 6 Hulton Archive/Staff/Getty Images; pp. 8, 13, 16 Library of Congress Prints and Photographs Division Washington, D.C.; p. 14 Visions of America/Contributor/Universal Images Group/Getty Images; p. 15 Universal Images Group/Contributor/Getty Images; pp. 13(right), 17, 19 SuperStock/Getty Images; p. 20 Thomas Waterman Wood/The Bridgeman Art Library/Getty Images; p. 21 Mark Krapets/Shutterstock.com; p. 22 Popperfoto/Getty Images.

Library of Congress Cataloging-in-Publication Data

Metz, Lorijo.
The American Revolution = La revolución americana / by Lorijo Metz ; translated by Christina Green. — First edition.
    pages cm. — (Let's celebrate freedom! = ¡Celebremos la libertad!)
Includes index.
English and Spanish.
ISBN 978-1-4777-3248-9 (library)
1. United States—History—Revolution, 1775–1783—Juvenile literature. I. Metz, Lorijo. American Revolution. II. Metz, Lorijo. American Revolution. Spanish. III. Title. IV. Title: Revolución americana.
E208.M43 2014b
973.3—dc23

2013022499

Websites: Due to the changing nature of Internet links, PowerKids Press has developed an online list of websites related to the subject of this book. This site is updated regularly. Please use this link to access the list: www.powerkidslinks.com/lcf/rev/
Manufactured in the United States of America

CPSIA Compliance Information: Batch # W14PK4: For Further Information contact Rosen Publishing, New York, New York at 1-800-237-9932

CONTENIDO

CONTENTS

UNA IDEA REVOLUCIONARIA
A REVOLUTIONARY IDEA

El 4 de julio de 1776, 13 **colonias** británicas en Norteamérica **declararon** su **independencia** de Gran Bretaña, una de las naciones más poderosas del mundo. Era una acción **revolucionaria**, o nueva y diferente.

Los colonos pelearon una guerra, ahora conocida como la revolución americana, para obtener su libertad de Gran Bretaña, y crear un nuevo país. Incluso idearon un tipo revolucionario de gobierno en el que el pueblo estadounidense elegiría a sus propios gobernantes.

On July 4, 1776, 13 British **colonies** in North America **declared** their **independence** from Great Britain, one of the most powerful nations in the world. It was a **revolutionary**, or new and different, action.

The colonists fought a war, now known as the American Revolution, to win their freedom from Great Britain and create a new country. They even came up with a revolutionary type of government in which the American people would elect their own rulers.

Esta pintura muestra a los británicos rindiéndose después de perder las Batallas de Saratoga, en Nueva York.

This painting shows the British surrendering after losing the Battles of Saratoga, in New York.

LAS 13 COLONIAS
THE 13 COLONIES

Los hechos que condujeron a la revolución americana comenzaron más de 20 años antes del primer disparo. En aquel entonces, la mayoría de las personas en las 13 colonias estaban orgullosas de pertenecer a Gran Bretaña. Disfrutaban de la **protección** y libertades que Gran Bretaña les daba.

The events that led to the American Revolution began over 20 years before the first shot rang out. At that point, most people in the 13 colonies were proud to be part of Great Britain.They enjoyed the **protection** and freedoms that Great Britain gave them.

Esta pintura muestra colonos que llegan a Jamestown, Virginia, a comienzos del siglo diecisiete.

This painting shows English settlers arriving at Jamestown, Virginia, in the early seventeenth century.

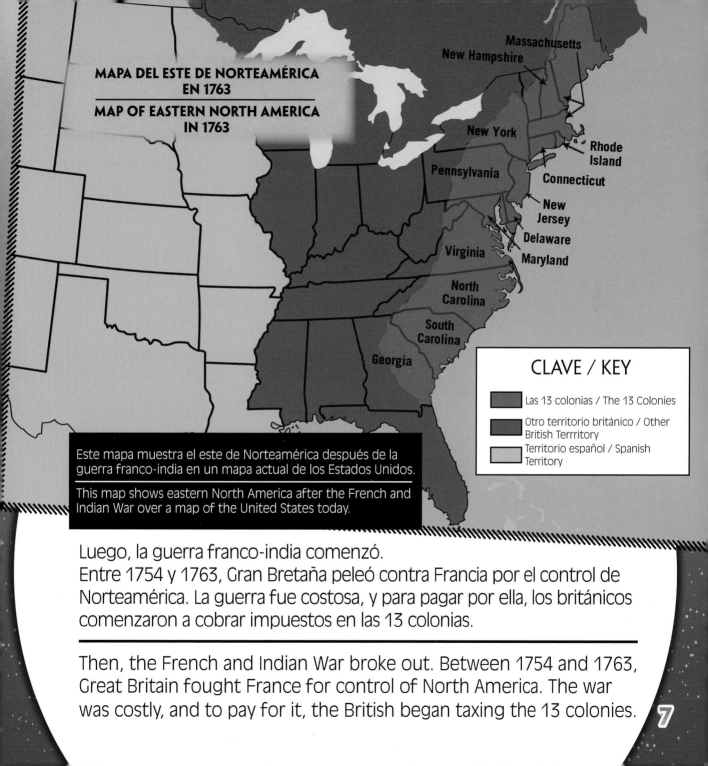

MAPA DEL ESTE DE NORTEAMÉRICA EN 1763

MAP OF EASTERN NORTH AMERICA IN 1763

Massachusetts
New Hampshire
New York
Rhode Island
Connecticut
Pennsylvania
New Jersey
Delaware
Virginia
Maryland
North Carolina
South Carolina
Georgia

CLAVE / KEY

Las 13 colonias / The 13 Colonies

Otro territorio británico / Other British Territory

Territorio español / Spanish Territory

Este mapa muestra el este de Norteamérica después de la guerra franco-india en un mapa actual de los Estados Unidos.

This map shows eastern North America after the French and Indian War over a map of the United States today.

Luego, la guerra franco-india comenzó. Entre 1754 y 1763, Gran Bretaña peleó contra Francia por el control de Norteamérica. La guerra fue costosa, y para pagar por ella, los británicos comenzaron a cobrar impuestos en las 13 colonias.

Then, the French and Indian War broke out. Between 1754 and 1763, Great Britain fought France for control of North America. The war was costly, and to pay for it, the British began taxing the 13 colonies.

El gobierno británico o **Parlamento**, aprobó la Ley del Sello en 1765 que imponía impuestos sobre materiales impresos, tales como los periódicos. Los colonos creían que el impuesto era injusto, pero no tenían a nadie que hablara por ellos en el Parlamento.

The British government, or **Parliament**, passed the Stamp Act in 1765, which taxed colonists on printed materials, such as newspapers. The colonists believed the tax was unfair, but they had no one to speak for them in Parliament.

Benjamín Franklin imprimió esta caricatura en 1754. Animaba a los colonos a unirse durante la guerra franco-india.

Benjamin Franklin printed this cartoon in 1754. It encouraged colonists to unite during the French and Indian War.

Se sabe que más de 100 colonos participaron en el Motín del Té de Boston. Muchos de ellos vestían como nativos americanos para disfrazarse.

More than 100 colonists are known to have taken part in the Boston Tea Party. Many dressed up as Native Americans to disguise themselves.

La Ley del Té de 1773 obligaba a los colonos a comprar té, una de sus bebidas favoritas, sólo de Inglaterra y pagar impuestos por él. El 16 de diciembre de 1773, los colonos furiosos se escurrieron a bordo de los barcos en el muelle y lanzaron 342 baúles de té en el Puerto de Boston. Este hecho se conoció como el Motín del Té de Boston.

The Tea Act of 1773 forced colonists to buy tea, one of their favorite drinks, from England and pay taxes on it. On December 16, 1773, angry colonists snuck aboard docked ships and threw 342 chests of tea into Boston Harbor. This event became known as the Boston Tea Party.

COMIENZA LA REVOLUCIÓN
A REVOLUTION BEGINS

Enfadados por el Motín del Té de Boston, los británicos cerraron todo el comercio en el Puerto de Boston, e instauraron nuevas leyes. Los colonos comenzaron a prepararse para la guerra. El 19 de abril de 1775, 700 soldados británicos marcharon en el pueblo de Massachusetts llamado Lexington. Encontraron a colonos armados esperando por ellos. Los colonos habían sido advertidos que las tropas británicas se dirigían a la ciudad cercana de Concord para tomar las armas y otras provisiones de los colonos. Nadie sabe quién disparó primero, pero hubo un tiro. ¡Había comenzado la revolución americana!

Angered by the Boston Tea Party, the British closed Boston Harbor to all trade and passed new laws. Colonists began to prepare for war. On April 19, 1775, 700 British soldiers marched into the Massachusetts town of Lexington. They found armed colonists waiting for them. The colonists had been warned that British troops were headed to nearby Concord to seize the colonists' guns and other supplies. No one knows who fired first, but a shot rang out. The American Revolution had begun!

Amos Doolittle hizo este grabado de la pelea en Lexington en 1775 para diseminar noticias sobre la batalla.

Amos Doolittle made this engraving of the fighting in Lexington in 1775 to spread news of the battle.

CRONOLOGÍA
TIMELINE

15 de junio de 1775
El Segundo Congreso Continental nombra a George Washington jefe del ejército continental.

June 15, 1775
The Second Continental Congress makes George Washington the head of the Continental army.

4 de julio de 1776
El Segundo Congreso Continental adopta la Declaración de la Independencia.

July 4, 1776
The Second Continental Congress adopts the Declaration of Independence.

1771 1772 1773 1774 1775 1776 1777

19 de abril de 1775
La revolución americana comienza con las batallas de Lexington y Concord.

April 19, 1775
The American Revolution begins with the Battles of Lexington and Concord.

19 de octubre de 1781
El General Charles Cornwallis, líder de las tropas británicas, **se rinde** en Yorktown, Virginia.

October 19, 1781
General Charles Cornwallis, the leader of the British troops, **surrenders** at Yorktown, Virginia.

1778   1779   1780   1781   1782   1783   1784

17 de octubre 1777
Las tropas estadounidenses ganan las batallas de Saratoga, en Nueva York.

October 17, 1777
American troops win the Battles of Saratoga, in New York.

3 de septiembre de 1783
Líderes de Estados Unidos, Francia, Gran Bretaña y España firman el Tratado de París, poniendo fin oficialmente a la guerra.

September 3, 1783
Leaders from America, France, Britain, and Spain sign the Treaty of Paris, officially ending the war.

26 de diciembre de 1776
Washington gana la batalla de Trenton, en Nueva Jersey.

December 26, 1776
Washington wins the Battle of Trenton, in New Jersey.

DECLARACIÓN DE LA INDEPENDENCIA
DECLARING INDEPENDENCE

En mayo de 1775, los líderes de las colonias se reunieron en el llamado Segundo Congreso Continental. Eligieron a George Washington para que encabezara el ejército Continental recientemente formado. También enviaron al Rey Jorge III de Inglaterra una última carta pidiéndole que escuchara sus requisitos. El Rey los ignoró.

In May 1775, leaders from across the colonies met in what was called the Second Continental Congress. They appointed George Washington to lead the newly formed Continental army. They also sent King George III of England one last letter asking him to listen to their needs. He ignored them.

John Dunlap imprimió las primeras copias de la Declaración de la Independencia. Esta es una copia exacta de una prensa que usó.

John Dunlap printed the first copies of the Declaration of Independence. This is an exact copy of the printing press that he used.

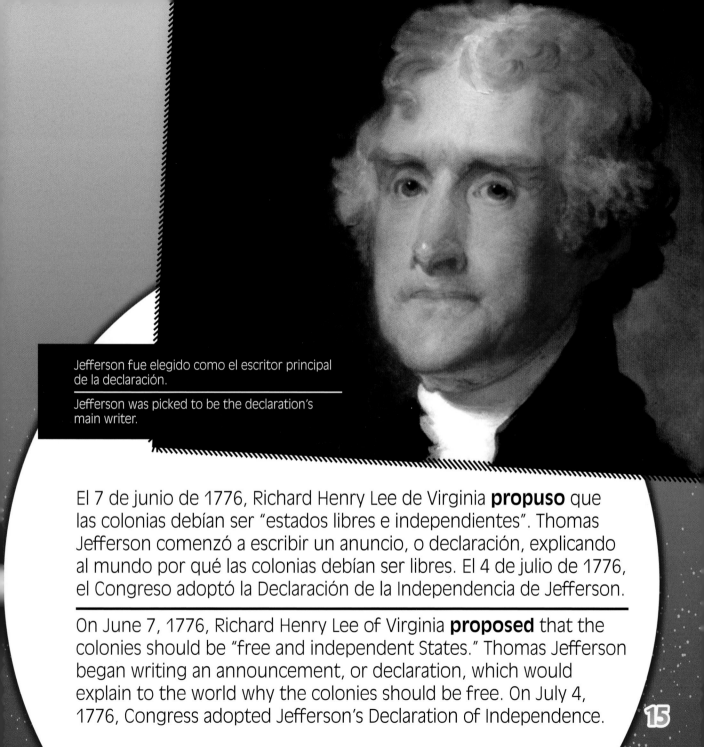

Jefferson fue elegido como el escritor principal de la declaración.

Jefferson was picked to be the declaration's main writer.

El 7 de junio de 1776, Richard Henry Lee de Virginia **propuso** que las colonias debían ser "estados libres e independientes". Thomas Jefferson comenzó a escribir un anuncio, o declaración, explicando al mundo por qué las colonias debían ser libres. El 4 de julio de 1776, el Congreso adoptó la Declaración de la Independencia de Jefferson.

On June 7, 1776, Richard Henry Lee of Virginia **proposed** that the colonies should be "free and independent States." Thomas Jefferson began writing an announcement, or declaration, which would explain to the world why the colonies should be free. On July 4, 1776, Congress adopted Jefferson's Declaration of Independence.

15

COMBATIENDO LA GUERRA
FIGHTING THE WAR

Para el invierno de 1776, el ejército continental estaba perdiendo. Washington tenía un ejército de soldados congelados y hambrientos. Decidió cruzar el Río Delaware al caer la noche de Navidad. El ejército de Washington atacó a los soldados alemanes que pelaban por Gran Bretaña mientras dormían en Trenton, Nueva Jersey.

By the winter of 1776, the Continental army was losing. Washington had an army of freezing, hungry soldiers. He decided to cross the Delaware River just after nightfall on Christmas Day. Washington's army attacked German soldiers fighting for Britain as they slept in Trenton, New Jersey.

La imagen muestra a Washington y sus tropas cruzando el Río Delaware de Pensilvania a Nueva Jersey.

This image shows Washington and his troops crossing the Delaware River from Pennsylvania to New Jersey.

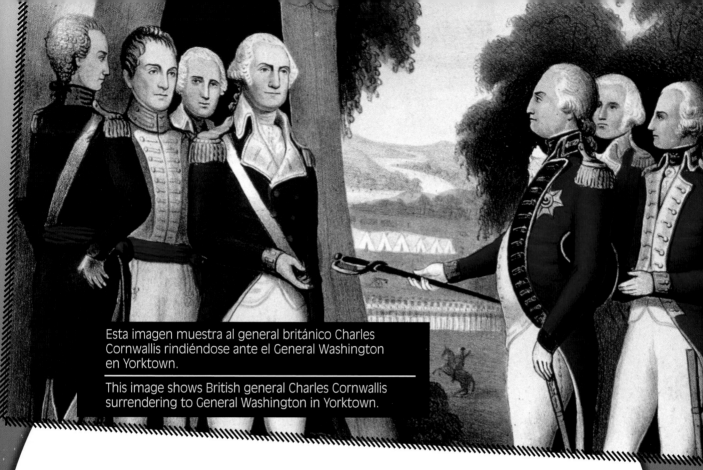

Esta imagen muestra al general británico Charles Cornwallis rindiéndose ante el General Washington en Yorktown.

This image shows British general Charles Cornwallis surrendering to General Washington in Yorktown.

Fue una victoria clave, pero la guerra continuó. Francia, España y los Países Bajos eventualmente se unieron al lado estadounidense. La batalla final ocurrió en Yorktown, Virginia. Las tropas estadounidenses y francesas rodearon a 7,000 soldados británicos, mientras que los barcos franceses cortaron su vía de escape. Los británicos se rindieron el 19 de octubre de 1781.

It was a key victory, but the war continued. France, Spain, and the Netherlands eventually fought on the American side. The final battle took place at Yorktown, Virginia. American and French troops surrounded 7,000 British soldiers, while French ships cut off their escape. The British surrendered on October 19, 1781.

DESPUÉS DE LA GUERRA
AFTER THE WAR

El 3 de septiembre de 1783, los Estados Unidos y Gran Bretaña firmaron el Tratado de París, terminando oficialmente la guerra. Las 13 colonias se declararon estados, y se **unieron** informalmente bajo los Artículos de la Confederación. Los artículos otorgaban poco poder al gobierno **federal** o central para que pagara sus deudas. El 21 de junio de 1788, la **Constitución** de los Estados Unidos se convirtió en la ley del país. Establecía un nuevo gobierno en el que los estados y el gobierno federal compartían el poder y el pueblo elegía a sus líderes.

On September 3, 1783, the United States and Britain signed the Treaty of Paris, officially ending the war. During the war, the 13 colonies had declared themselves states and **united** under the Articles of Confederation. However, the articles provided little power for the **federal**, or central, government to pay its debt. On June 21, 1788, the US **Constitution** became the law of the land. It set up a new government, in which the states and federal government shared power and the people elected their leaders.

Los líderes estadounidenses crearon la Constitución en la Convención Constitucional, en Filadelfia.

American leaders came up with the Constitution at the Constitutional Convention, in Philadelphia.

HOSTIVM·NAVIVM·CAPTIS·AVT

19

INSPIRANDO A UNA NACIÓN
INSPIRING A NATION

Los líderes de la revolución americana pelearon por una nación en la que "todos los hombres son iguales", pero pasaron muchos años antes de que se tratara a todos por igual bajo la ley. Aún así, la idea de la revolución **inspiraría** a grupos, tales como los afroamericanos y a las mujeres, a luchar por la igualdad.

Leaders of the American Revolution fought for a nation in which "all men are created equal." Unfortunately, many years went by before everyone would be treated equally under the law. Nevertheless, the idea of the revolution would **inspire** groups such as African Americans and women to fight for equality.

Algunos estados le permitieron a los hombres afroamericanos votar antes de 1869. Este hombre está votando en las elecciones de 1868.

Some states allowed African American men to vote before 1869. This man is casting his vote in the 1868 election.

La Campana de la Libertad es un símbolo de la libertad y un recordatorio de la revolución americana.

The Liberty Bell is a symbol of freedom and a reminder of the American Revolution.

En 1866, la Décimo Cuarta **Enmienda**, o cambio a la Constitución, dio a los estadounidenses de todas las razas igual protección bajo la ley. La Décimo Quinta Enmienda, aprobada en 1869, establecía que se debía permitir a los hombres afroamericanos que votaran. En 1920, la Décimo Novena Enmienda dio a las mujeres el derecho al voto.

In 1866, the Fourteenth **Amendment**, or change to the Constitution, gave Americans of all races equal protection under the law. The Fifteenth Amendment, which was passed in 1869, said that African American men must be allowed to vote. In 1920, the Nineteenth Amendment gave women the right to vote.

21

TODAVÍA UNA INSPIRACIÓN
STILL AN INSPIRATION TODAY

La revolución americana sigue siendo una inspiración en el siglo 21. Hoy en día, más de 190 países tienen constituciones que incluyen la idea de que todas las personas tienen derechos básicos. Estos derechos hacen eco a "vida, libertad y la búsqueda de la felicidad", indicados en nuestra Declaración de la Independencia.

The American Revolution continues to inspire in the twenty-first century. Today, more than 190 countries have constitutions that include the idea that all people have basic rights. These echo the rights to "Life, Liberty, and the pursuit of Happiness," listed in our Declaration of Independence.

Los personajes de la revolución americana tales, como George Washington están entre los héroes más admirados de la historia estadounidense.

Figures from the American Revolution, such as George Washington, have become among the best-loved heroes in American history.

GLOSARIO

colonias (ko-LO-nias) Nuevos lugares a los que las personas se van a vivir que aún son gobernados por los líderes de los países de los cuales vinieron.

Constitución (kons-ti-tu-siON) Reglas básicas por las cuales se gobierna Estados Unidos.

declararon (de-kla-RA-ron) Anunciaron oficialmente.

enmienda (en-miEN-da) Adición o cambio a la Constitución.

federal (fe-de-RAL) Que tiene que ver con el gobierno central.

independencia (in-de-pen-DEN-sia) Libertad del control de otras personas.

inspirar (ins-pi-RAR) Motivar a alguien a hacer algo.

Parlamento (par-la-MEN-to) Grupo en Inglaterra que hace las leyes del país.

propuso (pro-PU-so) Sugirió o planificó.

protección (pro-te-xiON) Algo que evita que otra cosa sea lastimada.

revolucionaria (re-vo-lu-sio-NA-ria) Nueva o muy diferente.

se rinde (se Rin-de) Se da por vencido.

unido (u-NI-do) Juntado para actuar como un grupo único.

GLOSSARY

amendment (uh-MEND-ment) An addition or a change to the Constitution.

colonies (KAH-luh-neez) New places where people move that are still ruled by the leaders of the countries from which they came.

Constitution (kon-stih-TOO-shun) The basic rules by which the United States is governed.

declared (deh-KLAYRD) Officially announced something.

federal (FEH-duh-rul) Having to do with the central government.

independence (in-dih-PEN-dents) Freedom from the control of other people.

inspire (in-SPY-ur) To move someone to do something.

Parliament (PAR-leh-ment) The group in England that makes the country's laws.

proposed (pruh-POHZD) Suggested or planned.

protection (pruh-TEK-shun) Something that keeps something else from being hurt.

revolutionary (reh-vuh-LOO-shuh-ner-ee) New or very different.

surrenders (suh-REN-derz) Gives up.

united (yoo-NYT-ed) Brought together to act as a single group.

ÍNDICE

INDEX